Wölfel, Ursula / Winterhager, Daniele:

Das schönste Martinslicht

ISBN 978 3 522 30236 4

Text: Ursula Wölfel, Wunder Welt, 2. Schuljahr,

© Cornelsen Verlag, Berlin

Illustrationen: Daniele Winterhager

Einbandtypografie: Michael Kimmerle

Schrift: Formata, Mrs Eaves Bold

Reproduktion: Photolitho AG, Gossau / Zürich

Druck und Bindung: Himmer AG, Augsburg

© der Originalausgabe 2003 by Gabriel Verlag

(Thienemann Verlag GmbH), Stuttgart / Wien

© dieser Sonderausgabe 2010 by Gabriel Verlag

(Thienemann Verlag GmbH), Stuttgart / Wien

Printed in Germany. Alle Rechte vorbehalten.

5 4 3 2 1° 10 11 12 13

www.gabriel-verlag.de

Wir empfehlen
Ihnen unseren Leitfaden

KINDER
»BRAUCHEN«
WERTE
Was in den Büchern des
Gabriel Verlags steckt

oder informieren Sie sich unter:
www.thienemann.de/
paedagogen

Ursula Wölfel   Daniele Winterhager

Das schönste Martinslicht

Gabriel

Martin ist sehr stolz auf seine Laterne. Sie ist viereckig und aus blauer Pappe geschnitten und geklebt. Die vier Seitenfelder sind aus durchsichtigem gelben Papier. Darauf sind eine Sonne, ein Mond, ein Stern und der heilige Martin auf seinem Pferd gemalt. Und diese Laterne hat Martin selbst gemacht! Anton, Vaters Gehilfe, hat ihm nur die Pappe zugeschnitten und Ulis Vater hat ihm das Pferd und den Reiter vorgezeichnet.

Alle Kinder aus der Lindenstraße wollen sich um sechs Uhr abends vor Herrn Bierbachs Laden treffen und dort mit dem Martinssingen anfangen. Sie bekommen jedes Jahr von Herrn Bierbach besonders leckere Sachen. Fast alle sind schon da. Da kommen andere Kinder. Sie gehen gleich in Herrn Bierbachs Laden und singen.

»Das sind die
aus der Erlenstraße«,
sagt Andreas.
»Was wollen die denn hier?
Herrn Bierbachs Laden gehört zu unserer Straße.«

Die fremden Kinder kommen aus dem Laden
und gehen um die Ecke in den Tannenweg.
»Das ist eigentlich auch noch unser Gebiet«, sagt
Johannes so laut, dass die anderen es hören müssen, und
Martin sagt noch lauter: »Die sind aber frech.«

Jetzt gehen die Kinder aus der Lindenstraße auch zu Herrn Bierbach. Sie geben sich sehr viel Mühe mit dem Singen.

Herr Bierbach schenkt ihnen Schokoladenriegel in Silberpapier und sie sind zufrieden.

Martin ist noch bis zuletzt im Laden geblieben.
Herr Bierbach wollte seine Laterne von allen Seiten
betrachten. Martin läuft den anderen nach.
Sie singen schon nebenan im Hausflur.
Da hört er im Tannenweg jemanden weinen.
Ein kleiner Junge hockt an einer
Hauswand. Martin kennt
ihn nicht.

»Weshalb weinst du denn?«, fragt ihn Martin.
»Meine Laterne!«, sagt der Kleine. »Auf einmal hat sie gebrannt. Eine Frau ist gekommen und hat sie mir aus der Hand gerissen und hat mit den Füßen darauf herumgetrampelt!«

»Das ist aber schade!«, sagt Martin.
»Ich habe noch nie mitgehen dürfen, weil ich zu klein war«, sagt der Junge. »Und heute hat meine Mutti es endlich erlaubt und jetzt habe ich keine Laterne mehr!«

»Im nächsten Jahr bekommst du eine neue!«, sagt Martin.
»Aber ich möchte doch heute so gern mitgehen!«
»Gehörst du denn zu denen aus der Erlenstraße?«,
fragt Martin. Der Junge nickt.
»Wie heißt du denn?«
»Thomas heiße ich. Und du?«
»Martin. Und jetzt lauf, sonst holst du die
anderen nicht mehr ein. Du kannst
auch ohne Laterne mitgehen.«
»Martin?«, fragt Thomas. »Heißt du
wirklich Martin, wie der Mann, der
seinen Mantel verschenkt hat?«
»Ja. Ich heiße wirklich so.«
»Ach!«, sagt Thomas und wischt sich
die Augen mit den schmutzigen Händen.
Martin hebt seine Laterne hoch,
seine schöne Laterne, und schwenkt
sie hin und her.

»Die ist schön!«, sagt Thomas. »So schön war meine nicht. Aber sie war auch schön, ganz bunt.«
»Ich habe sie selbst gemacht«, sagt Martin.
»Das war eine Arbeit!«
Er dreht die Laterne, er sieht noch einmal die Sonne, den Mond, den Stern und den Reiter an. Und dann gibt er dem Kleinen den Stock in die Hand und sagt:
»Da. Ich schenke sie dir.«
»Wirklich?«, fragt Thomas.

Aber Martin ist schon weggerannt.
Er sieht sich nicht mehr um.

Er läuft nach Hause und setzt sich an den Küchentisch, legt den Kopf auf die Arme und weint.
»Martin. Junge!«, sagt die Mutter. »Was ist?«
Der Vater und Anton kommen auch dazu und alle fragen, aber es dauert lange, bis Martin erzählen kann, was geschehen ist.
»Und jetzt tut es dir leid, dass du die schöne Laterne verschenkt hast?«, fragt die Mutter.
Martin nickt.
»Meinst du, dem heiligen Martin hätte es nicht leid getan um seinen Mantel?«, fragt Anton.
Und Martin nickt wieder.
»Darum solltest du nicht weinen«, sagt der Vater.